척척박사 우드척이 들려주는

기후와 날씨

로지 쿠퍼 글 · 해리엇 러셀 그림
우순교 옮김 · 백두성 감수

어린이 친구들, 만나서 반가워!
난 척척박사 우드척이야. 나를 잘 따라와.
기후와 날씨에 대해 놀랍고도
신기한 사실들을 알려 줄게.
어떻게 우드척이 그럴 수 있냐고?
궁금하면 35쪽을 넘겨 봐!

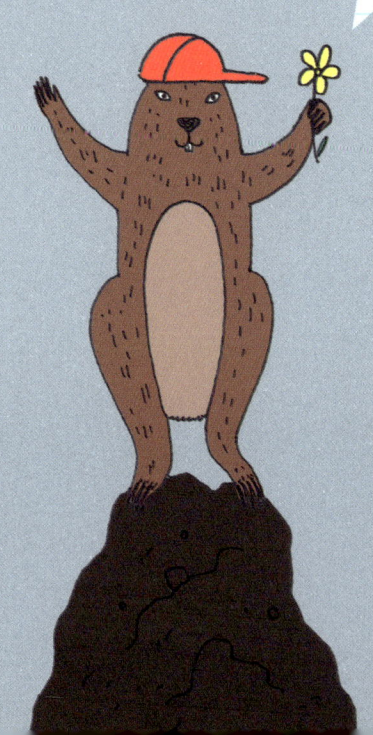

척척박사 우드척이 들려주는

기후와 날씨

로지 쿠퍼 글 · 해리엇 러셀 그림
우순교 옮김 · 백두성 감수

북극곰

어떤 내용이 들어 있을까?

기후 대 날씨

- **6** 기후일까, 날씨일까?
  기후와 날씨의 차이

- **8** 계절은 왜 나타날까?
  태양이 날씨와 계절에 미치는 영향

- **10** 즐거운 나의 집
  다양한 기후, 다양한 집

지구가 더워지고 있어요

- **12** 우리는 온실에서 살아요
  태양 에너지를 붙잡는 대기의 기체들

- **14** 기체를 만드는 과학
  나무가 지구의 기온을 낮추는 방법

- **16** 무시무시한 사실들
  방귀와 트림을 내뿜는 가축들

- **18** 멋있는 기후 지킴이가 되자
  우리가 지구를 지킬 수 있는 방법

빙하가 녹고 있어요

- **20** 옛날 얼음
  빙하기 알아보기

- **22** 이 새하얀 게 뭐야?
  눈과 우박의 차이

- **24** 눈에 대해 더 알아보자
  놀라운 겨울 세상 속으로!

구름을 살펴보아요

- **26** 비는 어디에서 오는 걸까?
  돌고 도는 물

- **28** 물이 위로도 오를 수 있다고?
  알록달록 물 실험

- **30** 구름 관찰 학교
  구름의 종류와 이름

- **32** 뜬구름 잡기
  괴상한 모양의 구름들

비야, 비야, 오지 마

34 일기 예보 수업
날씨를 예측하는 여러 가지 방법

36 날씨에 맞서는 무기들
우산과 양산의 역사

38 빛을 꺾는 기술
비 없이 무지개를 만드는 방법

40 억수 같은 비
비에 관한 재미있는 표현

해야, 해야, 나와라

42 태양의 힘!
우리 삶에 영향을 주는 태양

44 지금은 너무 더워요
점점 올라가는 지구의 온도

46 태양열 오븐을 만들자
화석 연료를 쓰지 않고 요리하기

바람처럼 달려라

48 바람은 왜 부는 걸까?
공기를 움직이는 것들

50 바람의 세기를 재는 장치
바람을 측정하는 장치 만들기

52 바람을 잡아라
바람을 동력으로 이용하는 방법

날씨가 날뛰어요

54 살기 딱 좋은 행성
지구가 우주에서 가장 살기 좋은 까닭

56 번개를 만드는 법
집 안에서 번개와 천둥 만들기

58 괴상한 날씨
두루마리눈과 회오리바람

60 낱말 풀이
날씨와 관련된 낱말들

62 정답을 알려 주세요!

63 찾아보기

기후 대 날씨

기후일까, 날씨일까?

같은 말 아닌가요? **땡, 다른 말입니다!** 왜냐고요? 잘 들어 보세요.

날씨는 그때그때의 기상 상태를 말해요.
그러니 내일의 날씨는 오늘과 다르겠지요.
날씨는 분에 따라, 시간에 따라, 날짜에 따라
바뀌거든요.

오늘 아침은 맑은 가운데
일부 지역에서 소나기가 오겠습니다.
강한 동풍이 불고, 특이한 회오리바람을
동반한 우박과 눈이 내리겠습니다.

대기에서 뭔가가…

날씨는 공기, 즉 대기 중에서 일어나는 모든 변화와 관련 있어요.
공기가 따뜻해지거나 시원해지거나, 건조해지거나 축축해지거나,
바람이 불거나 불지 않거나, 또는 이런 몇 가지 현상이 한꺼번에 나타나는 변화 말이에요.

공기 중에 있는 물이
안개나 비, 우박,
진눈깨비, 눈이
될 수 있어요.

비　　우박　　진눈깨비　　눈

 오늘 기후가 어때?

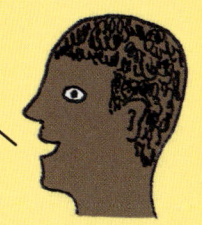 오늘 날씨가 어떠냐고 묻는 게 맞아!

기후는 한 지역에서 여러 계절이나 여러 해에 걸쳐 나타나는 날씨의 상태를 말해요. 유난히 덥거나 유난히 비가 많은 해가 있을 수도 있지만 30년 동안의 평균 기온과 강수량을 살펴보면 그 지역의 기후에 대해 더욱 잘 알 수 있어요.

뉴스 속보입니다!
겨울이 더 추워지는 곳도 일부 있지만 기록을 살펴보면 세계의 거의 모든 곳이 더 따뜻해지고 있습니다.

기후는 지역마다 다 달라. 따뜻한 곳도 있고, 습한 곳, 건조한 곳, 추운 곳, 더운 곳도 있어.

>>> **지구의 기후**가 어떻게 바뀌고 있는지 알고 싶으면 12~13쪽을 보세요.

기후 대 날씨

계절은 왜 나타날까?

지구가 자전축이 기울어진 채로 태양 주위를 돌기 때문이에요.

슈우웅!

알아야 할 사실들

45억 년 전에 지구가 화성만 한 우주 바위와 부딪히면서 기우뚱하게 돌아갔대요. 이렇게 지구의 자전축이 기울면서 한 지역이 1년 동안 받는 햇빛의 세기가 달라졌어요. 시기에 따라 기온이 변하고 계절이 나타나게 된 거예요!

자전축 = 북극과 남극을 꿰뚫는 가상의 선
적도 = 북극과 남극으로부터 같은 거리에 있는 곳을 이은 가상의 선

지구는 태양 둘레를 1년에 한 바퀴씩 돌아요.

태양 쪽으로 기울어진 지역은 **여름**이에요.

태양에서 먼 쪽으로 기울어진 지역은 **겨울**이에요.

올해 휴가는 어디로 갈 거야?

태양 둘레를 한 바퀴 돌고 올 생각이야.

기후 대 날씨

정보마당

즐거운 나의 집

사람들은 어떤 기후에서든 편안한 집을 지을 수 있어요.

굴을 파서 만든 집, 땅 위로 솟은 집, 떠오르는 집…

아주 더운 기후에서 사는 사람들은 쉽게 달궈지지 않는 집에서 이글거리는 태양을 피해요.

비가 많이 오는 기후에서 낮은 곳에 지어진 집들은 홍수로 물에 잠길 위험이 있어요.

동굴 집!

터키에는 여러 층으로 된 동굴 집이 있어요. 몇 백 년 전에 암석을 파서 지었는데 지금도 사람이 살아요.

높고 건조해!

열대 기후의 태국에서는 만조나 비가 많이 올 때를 대비해 수상 가옥을 지었어요.

시원해!

이란에서는 '윈드타워'라는 높은 굴뚝을 세워 집 안으로 바람이 통하게 해요.

네덜란드의 수상 가옥은 홍수로 물이 불어나면 배처럼 떠올라요.

살을 에듯 **추운 극지방**에서 이누이트들은 눈으로 벽돌을 만들어 임시로 지낼 집을 지어요. 이 집을 이글루라고 하지요.

겨울잠을 자는 동물들은 대부분 눈 밑에서 겨울을 나. 그런데 차가운 눈 덕분에 오히려 따뜻하게 지내지. 작은 공기 주머니들이 눈송이 사이사이에 갇혀서 열이 빠져나가지 않게 해 주거든. 플리스 스웨터를 입으면 따뜻한 것도 같은 원리야!

추위 나가!

이글루 속은 몸에서 나는 열만으로도 따뜻해진답니다. 눈 벽돌이 열을 받으면 살짝 녹았다가 다시 얼어붙는데, 이때 빈틈을 모두 메워 차가운 바깥바람을 막아 주지요.

바깥이 아무리 추워도 몸에서 나는 열로 데워진 이글루는 5 ℃ 정도의 온도를 유지할 수 있어요.

기후 변화가 계속되면 미래에는 더 적은 에너지를 사용하면서 해수면 상승과 이상 기후로부터 우리를 보호해 줄 수 있는 새로운 집이 필요해질 거예요.

미국에서는 허리케인이 잦은 계절을 견디기 위해 돔 주택을 짓기도 해요. 돔 주택에서는 바람이 둥그런 면을 따라 흘러간답니다.

지구가 더워지고 있어요

우리는 온실에서 살아요

작은 유리 온실이 아니라 기체로 된 아주 큰 온실에서 말이에요!

정말이에요! 눈에 안 보이는 기체가 지구를 담요처럼 둘러싸고 태양 에너지를 붙잡아 지구를 따뜻하게 해요. 이런 기체들을 **온실가스**라고 부르는데, 온실가스가 없으면 지구는 몹시 추워질 거예요!

일부의 열이 우주로 빠져나가도 온실가스 덕분에 지구는 따뜻한 기온을 유지한다.

온실은 햇빛을 통과시키고 열을 붙잡는다.

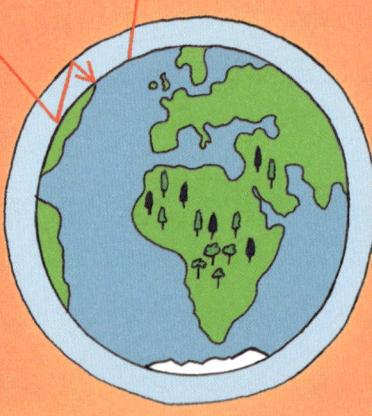

온실가스가 태양 에너지를 붙잡아 지구의 표면을 더 뜨겁게 한다.

딱 알맞은 기온

온실가스는 아주 오랜 시간 동안 저절로 생겨나서 열을 붙잡아 왔어요. 덕분에 지구는 식물과 동물, 결과적으로는 사람이 살기 알맞은 기온을 유지해 왔지요.

너무 더워진 요즘

지난 200년 동안 사람들은 인공적으로 온실가스를 더 만들어 냈어요. 이 온실가스 때문에 지구의 표면 온도가 빠르게 올라가고 있어요.

태우고 태우고

주요 온실가스 중 하나인 **이산화 탄소(CO_2)**는 우리가 숲을 불태우거나 동력을 얻기 위해 연료를 태울 때 나와요.

석유에서 나온 휘발유나 경유, 중유 등을 태워 자동차를 달리게 해요.

발전소에서 전기를 만들기 위해 **석탄**을 태워요.

농사를 짓기 위해 **나무**를 베고 숲을 불태워요.

가스를 태워 요리를 하고 집 안을 따뜻하게 데워요.

화석 연료

석유, 석탄, 천연가스를 **화석 연료**라고 해요. 아주 먼 옛날 땅속 깊은 곳에 묻힌 생물의 사체에서 생겨나기 때문이에요!

화석 연료가 만들어지려면 몇 백만 년이 걸리는데, 사람들이 너무 빨리 쓰고 있어. 화석 연료에서 나온 이산화 탄소는 대기에 100년 동안이나 머무르지!

공룡 방귀가 화석이 되었다면 뭐라고 부를래?

과거에서 온 방귀뿡!

실험마당

지구가 더워지고 있어요

기체를 만드는 과학

방귀 뀌는 식물과 펑 터지는 기체 폭탄!

똑똑하게 알아보기: 기체 교환

생명체는 끊임없이 기체를 받아들이고 내보낸답니다.
사실 여러분도 지금 그런 일을 하고 있어요!

동물과 사람은 **산소**가 있어야 살 수 있어요.
우리는 산소를 들이쉬고 **이산화 탄소**를 내쉰답니다.

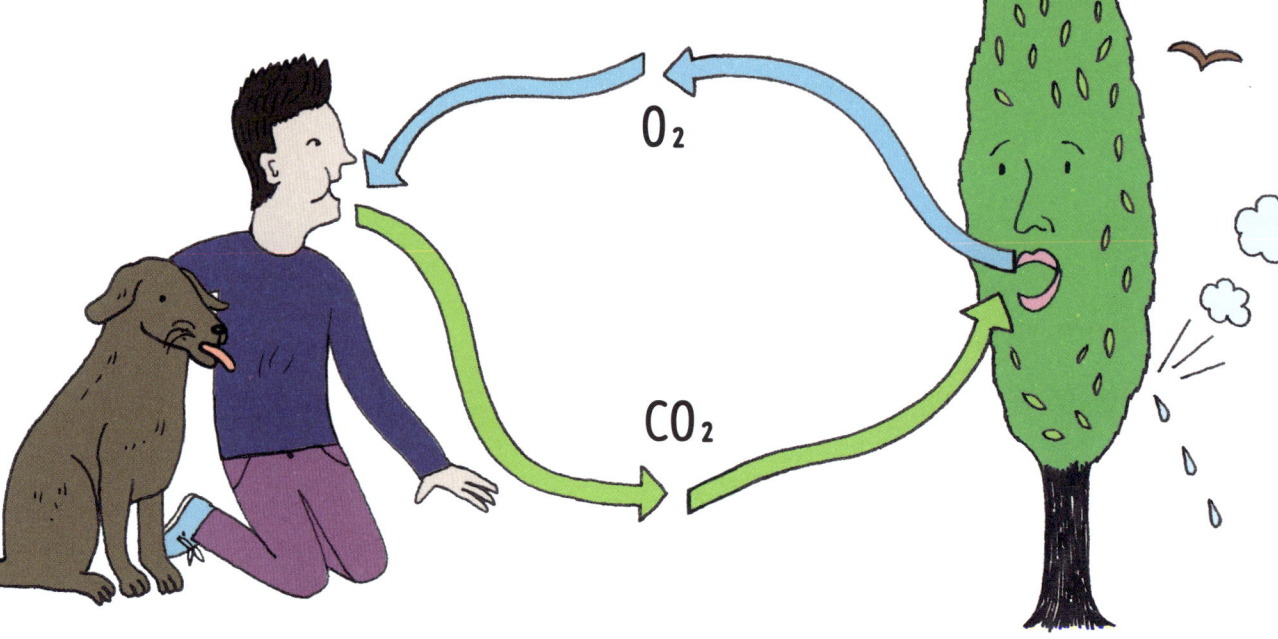

나무와 같은 식물은 온실가스를 쭉쭉 빨아들여요.
공기 중에서 **이산화 탄소**를 받아들여 영양분을 만들고, 그때 더불어 만들어진 산소를 내보내지요. 말하자면 **산소** 방귀를 뀌는 셈이에요!

알고 있나요?
이산화 탄소는 음식물을 신선하게 보관하고 음료수의 톡 쏘는 맛을 만드는 데도 쓰인답니다!

식물 방귀를 살펴보자

나뭇잎을 한 장 따서 물이 가득 담긴 얕은 유리 그릇에 넣으세요.

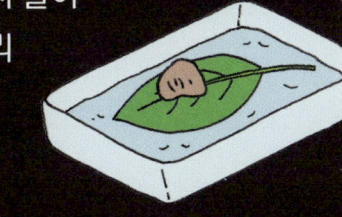

자갈로 나뭇잎을 눌러 놓고, 몇 시간 동안 햇빛이 잘 드는 곳에 놓아 두세요.

나뭇잎에 기포가 보글보글 맺히기 시작할 거예요.

어떻게 된 걸까?

이 기포 속에는 산소가 들어 있어. 나뭇잎이 영양분을 만들 때 더불어 만들어진 기체지. 나뭇잎이 물속에 있기 때문에 산소가 찬 기포를 볼 수 있는 거야. 실례합니다!

기체 폭탄을 만들자

두루마리 휴지 몇 칸에 베이킹 소다를 찻숟가락으로 세 번 떠 놓으세요. 휴지를 주머니 모양으로 접으세요.

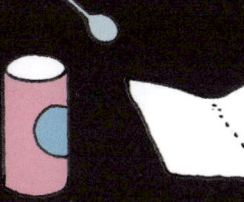

단단히 잠글 수 있는 지퍼 백에 식초를 밥숟가락으로 열 번(1/2컵) 떠 넣으세요.

지퍼 백을 반만 닫고 베이킹 소다 주머니를 안에 넣은 다음 꽉 잠그세요. 공기가 조금도 통하지 않아야 해요.

지퍼 백을 흔들고 나서 뒤로 물러나세요. 지퍼 백이 부풀어 오르다가 쉬익 펑 하고 터질 거예요!

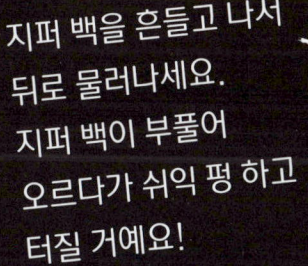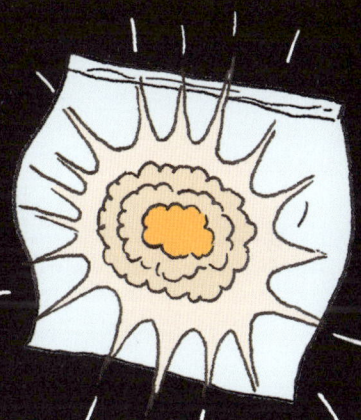

주위가 엉망진창이 될 수도 있어요! 꼭 집 밖이나 화장실이나 싱크대에서 실험하세요!

어떻게 된 걸까?

식초와 베이킹 소다가 섞이면 화학 반응이 일어나서 이산화 탄소가 생겨. 이 이산화 탄소가 지퍼 백을 터뜨리는 거야!

지구가 더워지고 있어요

무시무시한 사실들(과 트림과 똥)

 정보마당

목장에서 풀을 뜯어 먹는 동물들은 지구를 뜨겁게 하는 온실가스를 엄청나게 만들어 내요.

메탄: 구린내 나는 사실과 개선 방법

소와 양과 염소가 음식물을 소화할 때 위에서 기체인 메탄이 나와요. 메탄은 이산화 탄소보다 25배나 강력한 온실가스랍니다. 그런데 소가 트림이나 방귀로 메탄을 얼마나 많이 내뿜는지, 지구 온난화가 더욱 심각해질 정도라고 해요!

소가 만드는 메탄의
90 %는 트림할 때 나와요.
10 %는 방귀를 뀌거나 똥을 쌀 때 나오고요.

소 한 마리가 날마다 트림이나 방귀로 내보내는
메탄의 양이 300 L나 돼요.
(풍선 26개를 불 수 있을 만큼 많은 양이랍니다.)

소도 **위험**할 수 있어요!
2014년 1월에 독일의 한 축사가 폭발했어요.
소 90마리의 방귀와 트림과 배설물에서
나온 메탄이 정전기 때문에 폭발한 거예요.

지구에는 **10억 마리의 소가** 살아요.
(사람 일곱 명에 소가 한 마리 있는 꼴이에요.)

메탄을 줄이는 것은 기후 변화를 멈추는 방법 중 하나예요.

지구를 지키자

소의 먹이에 **해초**를 넣으면 소들이 만들어 내는 메탄을 80% 가까이 줄일 수 있어요.

고마워!

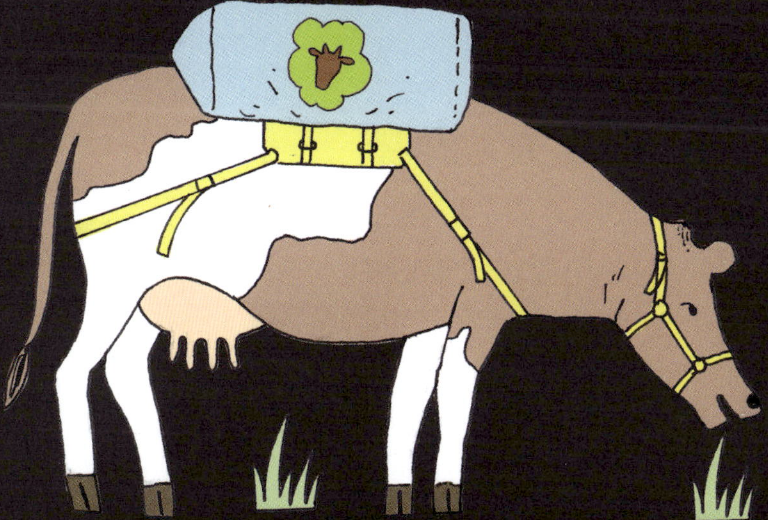

부푸는 **방귀 가방**에 소의 위에서 나오는 메탄을 모아요. 이렇게 모은 메탄은 자동차 연료로 사용하지요!

메탄을 줄이는 가장 좋은 방법은 **소고기를 덜 먹는** 거예요.
(소고기를 덜 먹을수록 메탄을 만드는 소를 덜 키우게 될 테니까요.)

17

지구가 더워지고 있어요
멋있는 기후 지킴이가 되자

특별한 사람들만 지구를 구할 수 있는 것은 아니에요.

어른들과 의논해서 에너지 사용을 줄이고, 사고 먹는 것을 바꾸고, 쓰레기의 양을 줄여 보세요. 그것만으로도 우리는 온실가스를 줄이고, 지구를 더 시원하고 깨끗하게 만들 수 있답니다. 그림에서 기후 지킴이와 자원을 낭비하는 사람들을 모두 찾아볼까요?

빙하가 녹고 있어요

옛날 얼음

지구가 추웠던 시기를 찾아보자!

지구는 46억 살이고 그동안 기후 변화를 많이 겪었어요.
악어가 북극에서 햇볕을 쬘 만큼 따뜻하던 때도 있었어요.
반대로 몹시 추웠던 때도 있었는데,
이때를 **빙하기**라고 해요.
빙하기에 지구는 아주 넓은 지역이 **빙하**로 덮여 있었답니다.

남극과 북극은 여전히 1년 내내 얼음으로 덮여 있으니
크게 보면 우리는 **지금도 빙하기를 살고 있다고** 할 수 있어요.
남극에 있는 얼음은 대부분 수백만 년이 되었고,
두께가 3 km가 넘는 것도 있어요.
(에펠탑 아홉 개를 쌓은 것보다 두껍답니다!)

지금의 지구 / 북극 / 남극

지구가 추웠던 시기

24억 년 전
지구가 거대한 눈덩이 같았어요.
북극과 남극에서부터 적도까지
지구 전체가 거의 얼어붙어 있었어요.

2만 2천 년 전
현재 대도시가 모여 있는
미국 북부 지역이 두꺼운 얼음으로
덮여 있었어요.

>>> 이산화 탄소에 대해 더 알아보고 싶으면 13쪽을 다시 살펴보세요.

옛 기후의 실마리

남극의 얼음 속에는 아주 작은 **기포**가 가득해요. 수십만 년 동안 얼음 속에 공기가 갇혀 있던 거예요. 과학자들은 이 고대의 공기 속에 들어 있는 **이산화 탄소**의 양을 조사하여 먼 옛날 지구의 기후가 어땠는지 알아낸답니다.

아주 작은 고대의 기포

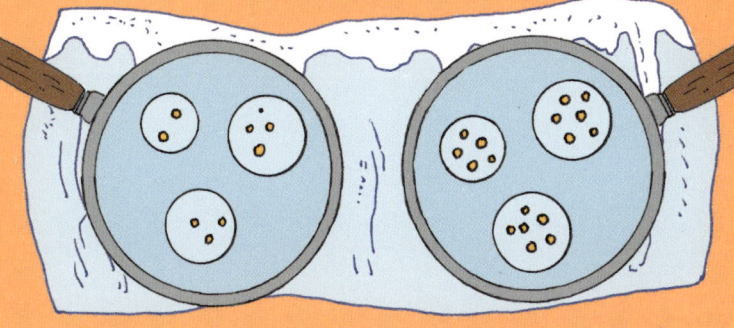

이산화 탄소가 적다
= 지구가 더 추웠다

이산화 탄소가 많다
= 지구가 더 따뜻했다

아주 먼 옛날에 생긴 얼음을 살펴보면 멸종된 동물들에 대해서도 알 수 있어. 빙하기의 털매머드가 털과 살과 피를 간직한 채 얼어붙어 러시아에서 발견되기도 했지!

털코뿔소 (멸종)

검치호랑이 (멸종)

털매머드 (멸종)

11,500년 전

마지막 빙하기가 이때 끝났어요. 지구에 살던 크고 털이 북슬북슬하고 무시무시한 포유류들이 멸종되었어요.

1300년부터 1850년까지는 소빙하기였어요.

북아메리카와 유럽 대륙에서 유난히 더 추운 겨울이 나타나던 시기지요. 영국과 네덜란드에서 강과 운하가 거대한 빙상 경기장처럼 얼어붙었어요!

빙하가 녹고 있어요

이 새하얀 게 뭐야?
얼어붙은 물의 놀라운 변신!

펄펄 눈이 옵니다

눈은 저 높은 구름 속에서 수증기가 얼어붙어서 생겨나요. 눈송이 한가운데에는 모두 작은 알갱이가 있답니다.

먼지나 꽃가루 알갱이

알갱이에 수증기가 달라붙는다.

그 수증기가 얼어서 결정을 이룬다.

눈이 내릴 때 공기 중의 수증기가 달라붙어 얼면서 눈 결정이 더욱 커진다.

땅에 떨어질 때 눈송이 사이에 공기가 갇혀서 눈이 가볍고 폭신폭신해진다.

1885년에 윌슨 벤틀리는 세계 최초로 눈 결정 사진을 찍었어요. 커다란 카메라에 현미경을 붙여서 눈송이를 찍었는데, 눈이 녹지 않게 하려고 숨 쉬는 것도 꾹 참았어요!

눈 결정은 모두 육각형이지만 모양이 저마다 달라요.

크고 동그란 얼음덩어리

우박은 천둥과 번개를 동반한 비가 쏟아질 때 생길 수 있는 얼음덩어리예요.

빗방울들이 차가운 구름 속으로 빨려 올라간다.

빗방울의 가장자리가 얼어붙는다.

이 얼음덩어리가 빙글빙글 돌면서 더욱 크게 얼어붙는다.

이 얼음덩어리가 너무 무거워져 땅으로 떨어지는 것을 우박이라고 한다.

커다란 우박을 쪼개면 얼음층이 겹겹이 싸인 것을 볼 수 있어요.

기록을 살펴보면 1986년 4월 방글라데시에 쏟아진 우박이 가장 무거웠어. 무게가 무려 1kg이나 나갔지. 파인애플 하나와 맞먹는 무게야. 아야!

쿵!

빙하가 녹고 있어요

정보마당 # 눈에 대해 더 알아보자

사람들은 수천 년 동안 눈 위를 돌아다녔어요.
옷을 단단히 챙겨 입고 미끄러운 눈 위로 시간 여행을 떠나 보세요.

석기 시대 사람들도 스키를 탔어요. 물론 재미로 탄 건 아니에요. 암각화에서 **스키 타는 사람들**을 볼 수 있는데, 그들은 장대를 하나만 가지고 있답니다. 다른 손으로는 사냥을 해야 했거든요!

맨 처음 스키를 탄 사람들은 언덕을 올라갈 때 스키가 미끄러지지 않도록 스키 바닥에 동물의 털가죽을 붙였어. 이제는 리프트를 타고 올라갈 수 있으니 정말 다행이지?

바이킹 전사들은 전쟁을 할 때 스키를 타고 눈 덮인 땅을 가로질렀어요.

북아메리카 원주민들은 **스노슈즈**를 신고 눈이 많이 쌓인 곳을 지나다녔어요. 커다란 스노슈즈를 신으면 몸무게가 분산되어 눈 속에 발이 빠지지 않는답니다.

아이쿠! 이걸 어떻게 날게 하지?

1920년대에 북아메리카의 눈이 많이 오는 곳에서는 **스노버드**로 우편물을 날랐답니다. 스노버드는 바퀴에 벨트와 스키를 단 자동차예요.

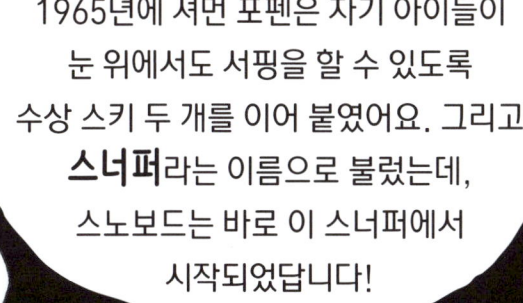

이거 멋진걸!

1965년에 셔먼 포펜은 자기 아이들이 눈 위에서도 서핑을 할 수 있도록 수상 스키 두 개를 이어 붙였어요. 그리고 **스너퍼**라는 이름으로 불렀는데, 스노보드는 바로 이 스너퍼에서 시작되었답니다!

요즘에는 **설상차**로 눈 위를 씽씽 달릴 수 있어요. 설상차는 1959년 캐나다에서 '스키독(Ski-dog)'이라는 이름으로 처음 판매되었는데, 광고를 낼 때 글자를 잘못 쓰는 바람에 '스키두(Ski-doo)'라고 불리게 되었답니다!

으흐흐, 똥 냄새!

썰매를 모는 사람들은 똥 냄새에 이골이 나 있어요. 썰매 개들은 썰매를 멈추지 않고 달리면서 일을 보도록 훈련을 받거든요!

구름을 살펴보아요

비는 어디에서 오는 걸까?

빗방울은 하늘에서 떨어져요. 그런데 하늘까지 어떻게 올라가서 떨어지는 걸까요?

알아야 할 사실들

빗방울이 하늘로 올라가지는 않아요. 물은 **수증기**라는 눈에 안 보이는 기체 상태로 하늘로 올라간답니다.

강과 호수와 바다의 물이 햇볕에 데워지면, 천천히 수증기가 되어 하늘로 올라가요. 이것을 **증발**이라고 하지요.

식물도 물을 내보내요. 물이 식물의 몸을 지나 잎의 표면에 다다르면 수증기가 되어 빠져나가거든요. 이것을 **증산 작용**이라고 한답니다.

공기는 높이 올라갈수록 차가워져요. 그래서 하늘 높이 올라간 수증기는 열을 잃고 다시 아주 작은 물방울이 되어 구름을 이루어요. 이것을 **응결**이라고 해요.

구름 속의 물방울이 너무 커지면 **비**가 되어 내려요. 그러고는 다시 여행을 시작한답니다!

26

지구는 40억 년 이상 물을 순환시켜 왔어. 너희들은 공룡과 털매머드와 최초의 인간이 마신 물과 똑같은 물을 마시고 있는 거야.

물을 마시고 생각해 보세요.
모든 물은 지구에 40억 년 동안이나 있으면서
이렇게 계속 순환했답니다. 꿀꺽!

남극의 드라이밸리는 지구에서
가장 메마른 곳이에요.
비가 전혀 오지 않는답니다.

지구에 있는 모든 물 가운데 우리가
마실 수 있는 물은 1 %밖에 안 돼요.
나머지는 짠 바닷물이거나
얼음, 눈 또는 땅속으로
스며든 물이랍니다.

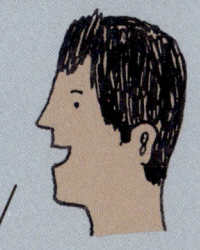

비가 한 시간 동안 내리면?

추적 60분.

구름을 살펴보아요

물이 위로도 오를 수 있다고?

맞아요! 중력에 맞서는 물의 놀라운 능력을 살펴보세요.

똘똘하게 알아보기: 식물이 물을 마시는 방법

물은 **모세관 현상***에 따라 식물의 뿌리에서 잎으로 올라가요.

물 알갱이들은 서로 붙어 있으려는 성질이 강하기 때문에 식물의 몸속에 있는 **가느다란 관**을 타고 위로 함께 올라갈 수 있어요. 물 알갱이 하나가 올라가면 다른 알갱이들이 따라 올라가는 식이지요.

*액체가 좁은 관을 오르는 현상

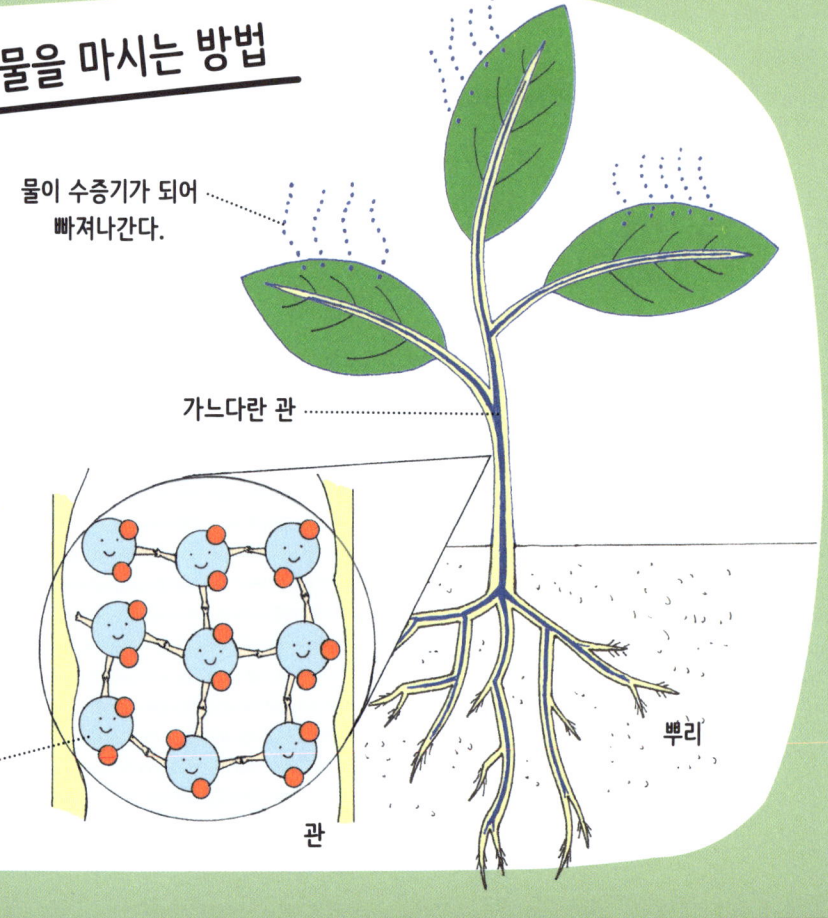

물이 수증기가 되어 빠져나간다.

가느다란 관

서로 꽉 붙잡고 있는 물 알갱이들

관

뿌리

실험마당

색깔이 바뀌는 셀러리

유리병에 물을 넣고 식용 색소를 찻숟가락으로 한 번 떠 넣으세요.

잎이 있는 셀러리 한 줄기를 밤새 이 유리병에 꽂아 두세요.

다음 날 셀러리 잎의 색깔이 바뀌어 있을 거예요.

액체 마술

유리컵 두 개를 준비하세요. 유리컵 하나에 물과 식용 색소를 넣으세요.  키친타월을 뜯어서 가늘고 길게 접으세요. 키친타월의 한쪽 끝은 식용 색소를 탄 컵에 넣고 반대쪽 끝은 빈 유리컵에 넣으세요.

신기하게도 빈 유리컵에 물이 차기 시작할 거예요.

어떻게 된 걸까?

모세관 현상이 실제로 나타난 거야! 물이 키친타월의 가느다란 섬유들을 타고 올라가 빈 컵으로 옮겨 간 거지.

어떻게 된 걸까?

색소 물이 잎과 줄기 속에 있는 작은 관들을 타고 올라가서 잎과 줄기의 색깔이 바뀌는 거야. 하얀 꽃으로 실험해도 같은 결과가 나타난단다!

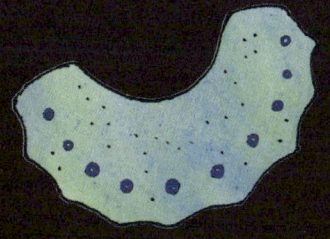

셀러리 줄기를 잘라 보세요. 색소에 물든 점들이 보이나요? 이 점들이 물이 올라가는 관이랍니다.

구름을 살펴보아요

구름 관찰 학교
구름에 대해 알아 두어야 할 사실

지구의 2/3 정도는 늘 구름으로 덮여 있어요. 기후에서 구름의 역할이 중요하기 때문에 특강을 준비했어요.

가장 높이 떠 있는 구름은 열을 붙잡아 지구를 따뜻하게 해 주어요.

열

가장 낮게 떠 있는 구름은 햇빛을 가려 지구를 시원하게 해 주어요.

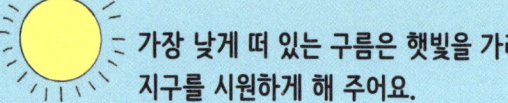

열

구름의 성분

구름은 작은 **물방울**과 **얼음** 알갱이들로 이루어져 있어요.

구름은 떠 있는 높이와 기온에 따라 모양과 크기가 달라요.

몹시 추움

상층운은 얼음 알갱이로 이루어져 있어요. 바람이 세게 불기 때문에 구름의 가장자리가 가닥가닥 갈라진답니다.

중층운은 물방울과 아주 작은 얼음 알갱이가 섞여 있어요.

공기는 하늘 높이 올라갈수록 차가워져요.

하층운은 물방울로 이루어져 있어요. 대부분 가장자리가 또렷하답니다.

그다지 춥지 않음

30

구름은 열 가지 종류가 있는데, 모양과 높이에 따라 분류해. 다섯 가지 이름을 합쳐 이름을 붙였어.

구름의 종류

이름	뜻	풀이
적운	뭉게구름	뭉게뭉게 피어오른 솜사탕 모양의 구름
층운	층구름	하늘을 가로지르는 얇은 층 모양의 구름
권운	털구름	하얀 털 모양의 구름
난운	비구름	낮고 납작하고 회색을 띠는 구름
고운	높은구름	하층운보다 높은 중간층 구름

구름의 이름은 약 200년 전에 지어졌어요. 우리나라에서는 순우리말 이름으로 부르기도 해요. 아래 그림에서 괄호 안에 있는 이름이 순우리말 이름이에요.

이름을 붙여 봐요

다양한 날씨에 나타나는 구름들이에요. 나만의 멋진 이름을 붙여 보세요!

알고 있나요? 안개는 땅 가까이 있는 구름이랍니다.

31

구름을 살펴보아요

뜬구름 잡기

정보마당

하늘을 잘 봐요. 저기 이상한 것이 있어요!

괴상한 모양의 구름들과 엄청난 힘

모자구름이 추운 산봉우리를 털모자처럼 덮고 있어요.

비행접시다! 유에프오(UFO)를 보았다는 사람들은 많은 경우 아주 큰 **렌즈구름**을 보고 착각했을 수도 있어요.

맘마 먹자! 몽글몽글하고 살살 녹을 것처럼 생긴 이것은 **유방구름**이에요. 맛있어 보이죠?

이런 **두루마리구름**이 낀 날은 날씨가 몹시 안 좋답니다.

보드를 타고 **켈빈-헬름홀츠파구름**(파도구름)을 넘어 하늘을 가로질러 보아요.

폴스트리크홀구름이 나타나면 하늘에 구멍이 뻥 뚫려요.

뭐가 보여요?

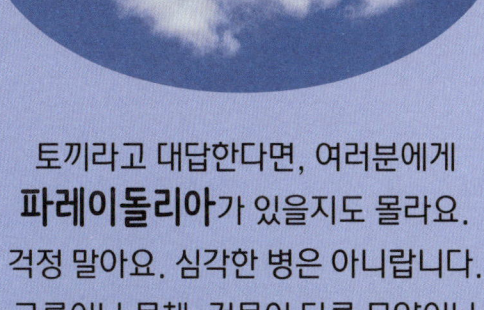

토끼라고 대답한다면, 여러분에게 **파레이돌리아**가 있을지도 몰라요. 걱정 말아요. 심각한 병은 아니랍니다. 구름이나 물체, 건물이 다른 모양이나 동물, 얼굴 등으로 보이는 증상일 뿐이에요!

초능력으로 구름이 사라지거나 줄어들거나 커지게 할 수 있다고 믿는 사람들이 있어. 재미있게 들릴 수도 있지만 과학적인 근거가 전혀 없지. 그러니까 폭풍우가 몰아칠 때 초능력을 발휘하려고 하지 마!

이크! 버섯 괴물처럼 생긴 **거대세포뇌우**가 이쪽으로 오고 있어요!

비야, 비야, 오지 마

일기 예보 수업

보이지 않는 힘이 움직이고 있어요.

공기는 보이지도 않고 느껴지지도 않지만,
무게가 있어서 우리를 눌러요.
이것을 **기압**이라고 해요.
기압이 높아지거나 낮아지면
날씨에 변화가 일어난답니다.

일기도에 있는 이 선들은
기온과 기압을 나타내요.

차가운 공기와 고기압
=맑다.

따뜻한 공기와 저기압
=비가 온다.

고기압과 저기압

공기가 아래로 내려오면 다른 곳보다
기압이 높은 고기압이 되어요.
고기압인 곳은 날씨가 맑아요.

공기가 위로 올라가면 다른 곳보다
기압이 낮은 저기압이 되어요.
저기압인 곳에서는 구름이 생기고 비가 와요.

34

여러분은 날씨를 예측할 수 있나요?

슈퍼컴퓨터가 없다면…
자연을 보고 날씨를 예측해 보세요.

슈퍼컴퓨터를 쓰세요!
일기 예보관은 기상 상황과 슈퍼컴퓨터를 사용하여 여러분이 보는 날씨 정보를 예측해요.

벌과 나비는 비를 맞으면 날 수 없어요. 벌과 나비가 바쁘게 떠나가면 비옷을 챙기세요.

새들이 빗속에서 울면 날이 곧 갠다는 뜻이에요.

건조한 날에는 솔방울의 비늘 조각이 벌어져요. 습한 날에는 비늘 조각이 오므라든답니다.

귀뚜라미는 날씨가 따뜻해지면 울음소리가 빨라져요. 귀뚜라미의 울음소리를 세어 온도를 알아내기도 해요.

찌르! 찌르! 찌르! 찌르!

데이지는 비가 오려고 하면 꽃잎을 오므려요.

우드척을 깨워요
북아메리카에 사는 우드척은 겨우내 굴속에서 잠을 자요.

미국 사람들은 매년 2월 2일을 '우드척의 날(그라운드호그 데이)'로 정하고 축제를 즐겨. 이날 우드척이 자기 그림자를 보고 놀라서 굴속으로 다시 들어가면 겨울이 계속 된다고 믿고, 자기 그림자를 보지 못하고 굴 밖에 계속 머무르면 봄이 왔다고 믿지. 아함! 나는 다시 자러 가야겠다!

35

비야, 비야, 오지 마

날씨에 맞서는 무기들

사람들이 햇빛과 비에 맞서 온 역사를 살펴보세요.

알아야 할 사실들

4천 년 전에 **우산**은 더위를 식혀 주는 물건이었어요. 고대 이집트와 그리스 사람들은 햇빛을 가리기 위해 우산을 썼지요. 우산을 뜻하는 영어 'Umbrella'에서 'Umbra'는 라틴어로 '그늘'이라는 뜻이랍니다.

접을 수 있는 양산을 처음으로 사용한 사람은 중국의 황제 왕망이었어요. 이 양산은 약 2천 년 전에 만들어졌는데, 왕망이 마차를 몰 때 햇빛을 가려 주었답니다.

비를 막아 주는 우산은 고대 중국에서 발명되었어요. 종이로 된 양산에 빗물이 새지 않도록 밀랍과 광택제를 발라서 만들었답니다.

우산을 뜻하는 한자는 실제로 우산과 비슷한 모양이에요.

들 수는 있는데
오를 수 없는 산은?

우산!

우산과 양산에 얽힌 어두운 이야기들

1978년에 불가리아 작가 게오르기 마르코프는
우산 끝에 넣어 둔 독극물에 쏘여 영국 런던에서 **암살**당했어요.
이 범죄를 저지른 것은 소련(러시아의 옛 이름)의 비밀경찰이었다고 해요.

많은 문화권에서 우산과 양산을 실내에서
펴면 **안 좋은 일**이 일어난다고 믿어요.
고대 이집트 사람들은 그늘진 곳에서 양산을
펴는 것은 태양신 아몬을 **욕되게 하는 일**
이라고 믿었어요.

1800년대에 영국의 부유한 여성들은
특별한 양산을 갖고 다녔어요.
양산 손잡이에 향수와 편지지,
때로는 **단검**까지 넣고 다녔답니다.

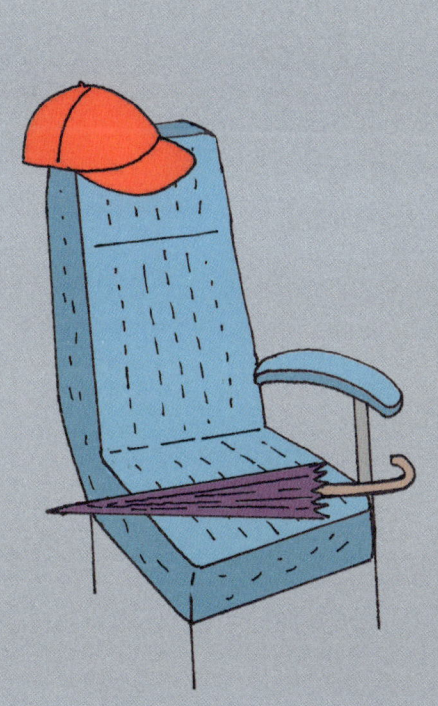

런던 사람들은 해마다 버스나 지하철에서
약 7만 5천 개나 되는 우산을
잃어버리지.

37

비야, 비야, 오지 마

실험 마당

빛을 꺾는 기술

무지개를 만드는 신기한 빛의 과학을 살펴보세요.

똘똘하게 알아보기: 무지개

빛은 곧게 나아가고 하얗게 보여요.

그런데 햇빛이 **물방울**에 들어갈 때와 물방울에서 나올 때 굴절하면서 여러 가지 색으로 나뉘어요.

결론: **무지개**는 햇빛이 빗방울을 지날 때 굴절하기 때문에 생깁니다.

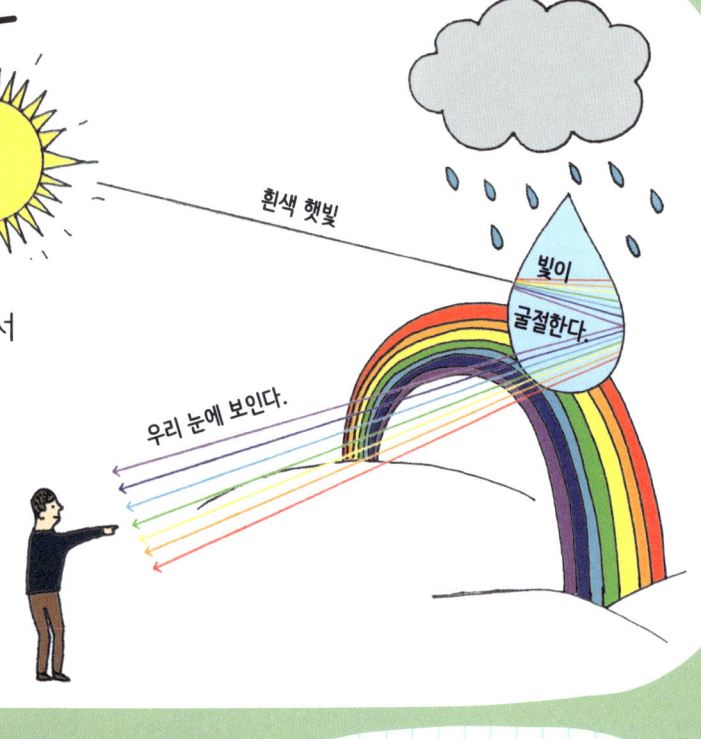

흰색 햇빛 / 빛이 굴절한다. / 우리 눈에 보인다.

호스 무지개

햇빛이 쨍한 날, 마당에서 해를 등지고 서 보세요. 호스나 분무기를 사용해 안개처럼 미세하게 물을 뿌려 보세요.

어떻게 될까?

하늘에 뜨는 무지개를 마당에서 만들 수 있어. 햇빛이 작은 물방울들을 지날 때 굴절하면서 무지개가 나타나는 거야.

알고 있나요? 해와 비가 없어도 무지개를 만들 수 있어요!

접시 무지개

우묵한 접시에 물을 가득 담고,
거울의 반만 물에 잠기게 비스듬히 세우세요.

손전등으로 거울의 물에 잠긴 부분에 빛을 비추세요.
거울 위에 하얀 종이를 갖다 대면
하얀 종이에 무지개가 나타난답니다.

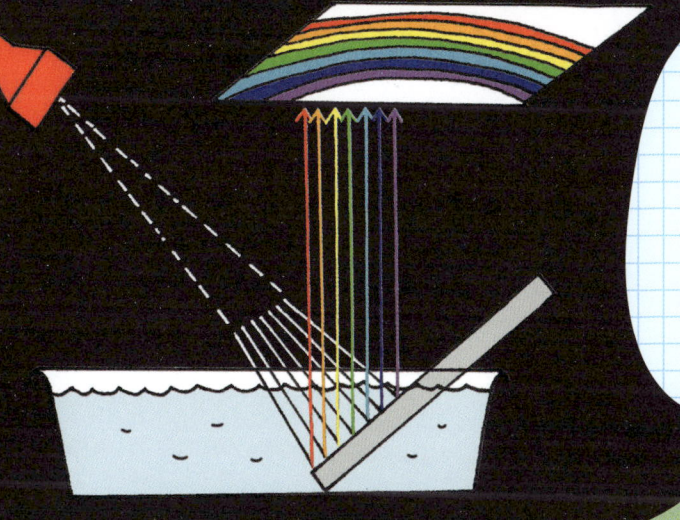

달무리

달빛이 비나 안개를 지날 때 굴절하기도 해요. 이때 희미하게 무지개가 나타날 때도 있어요.

어떻게 된 걸까?

손전등에서 나온 빛은 여러 색의 빛이 합쳐져 있어. 손전등 빛이 물속에 들어갈 때와 물속에서 나올 때 굴절하면서 여러 가지 색으로 나뉘는 거야!

빨강 주황 노랑 초록 파랑 남색 보라

놀라운 발견!

1672년 위대한 과학자 아이작 뉴턴은
빛이 여러 가지 색으로 되어 있다는 것을 증명했어요.
뉴턴은 무지개에서 일곱 가지 색깔을 분류했지만
우리가 실제로 볼 수 있는 색은 100가지도 넘는답니다!

39

비야, 비야, 오지 마

억수 같은 비

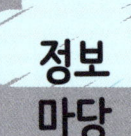

정보 마당

'비가 아주 많이 온다'는 뜻으로 말할 때 나라마다 재미있는 표현을 많이 사용한답니다.

개똥이 떨어지고 있어.
- 중국

트랙터가 떨어지고 있어.
- 슬로바키아

케리에*를 든 할머니들이 떨어지고 있어.
- 남아프리카

*나무로 만든 몽둥이

칼과 포크가 떨어지고 있어.
- 웨일스

개들이 콧구멍으로 물을 마시고 있어.
- 아이티

40

해야, 해야, 나와라
태양의 힘!

태양은 우리가 지구에서 사용하는 에너지와는
비교도 할 수 없을 만큼 큰 에너지를 갖고 있어요!

알아야 할 사실들

태양이 내보내는 에너지를 **태양 에너지**라고 해요. 천연가스와 석탄, 석유와 달리 태양 에너지는 **재생**이 가능해요. 아무리 써도 닳아 없어지지 않는다는 뜻이지요. 또한 태양 에너지는 지구에 해를 끼치지 않는답니다. 태양 에너지를 사용하는 일상용품과 집도 이미 나와 있어요.

태양 전지는 햇빛을 전기로 바꾸는 장치예요. 태양 전지를 모아 놓은 것을 **태양 전지판**이라고 해요.

태양 전지판은 햇빛을 잘 받을 수 있도록 해를 바라보게 설치해요.

햇빛이 **태양 전지판**을 비추면 빛 에너지가 전기 에너지로 바뀌어요.

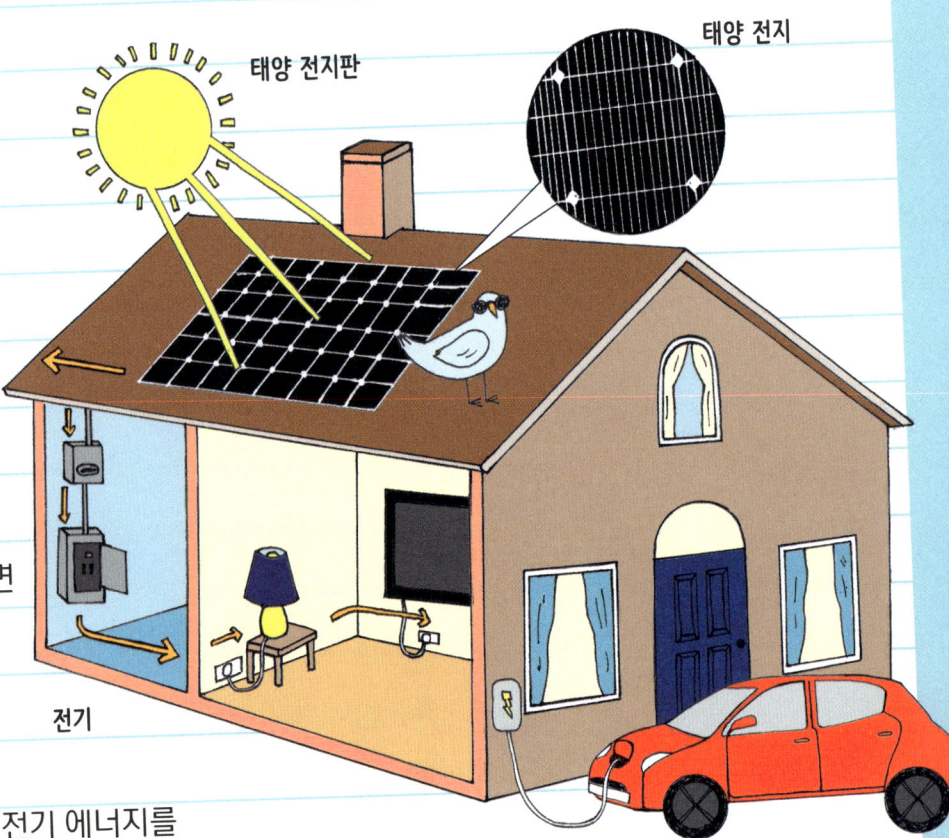

이 전기 에너지를 **전기**로 사용할 수 있어요.

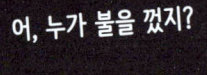

그런데 왜 태양 에너지로 전기를 더 많이 만들지 않을까?

해가 지면 햇빛으로 전기를 만들기 어려워. 밤에도 햇빛으로 만든 전기를 쓰려면, 낮에 햇빛으로 만든 전기를 충분히 모아 둬야 해. 그러려면 전기를 저장하는 전지의 성능이 지금보다 훨씬 더 좋아져야 하지.

태양 에너지가 엄청나게 나오는 날을 뭐라고 할까?

화창한 날!

과거에서 현재까지 태양 에너지 이용의 역사

기원전 200년경
그리스 수학자 아르키메데스가 '열광선'을 발명했다고 해요. 커다란 거울들을 가지고 햇빛을 한곳에 모으는 장치를 만들었는데 (전해지는 바에 따르면) 이렇게 모인 빛이 적의 배를 불태울 만큼 무시무시했대요.

기원전 80년경
옛날 중국 사람들은 매끈한 금속 거울을 사용해 불을 피웠어요. 불을 피울 곳이 아주 뜨거워질 때까지 태양 광선을 그곳에 반사시켜요.

오늘날
인도에는 세계에서 가장 큰 태양광 발전소 중 하나가 있어요. 250만 개의 태양 전지판이 15만 가구에 전기를 공급한답니다.

아삭아삭!

태양열로 실내를 덥히는 최초의 온실은 로마의 황제 티베리우스를 위해 만들었어. 덕분에 티베리우스 황제는 1년 내내 오이를 먹을 수 있었지!

해야, 해야, 나와라

지금은 너무 더워요

기후 변화가 너무 빨리 일어나고 있어요!

지구는 처음 생겨난 뒤로 지금까지 아주 **더울 때**도 있었고 아주 **추울 때**도 있었어요! 이러한 기후 변화는 수백만 년에 걸쳐 **서서히** 일어났지요. 하지만 지금 지구는 전에 없이 빠르게 더워지고 있어요.

200년 전부터 사람들은 **화석 연료**를 사용하기 시작했어요. 처음에는 아무도 화석 연료가 일으킬 문제를 눈치채지 못했지요. 그 뒤 지구의 평균 기온은 약 **1℃**가 올라갔어요. 지금도 계속 올라가고 있답니다.

멈추자
지구 온난화

더워진 지구를 느껴 보아요

기온이 **1℃** 올라간다고 하면 별일 아닌 것처럼 느껴질 수도 있지만, 이 정도로도 지구는 **큰 영향**을 받는답니다. 다음과 같은 일이 더욱 심각하게 일어나고 있거든요.

- 이상 기후
- 해수면 상승
- 가뭄
- 폭염
- 산불
- 멸종하는 동물과 식물

2020년 8월에 캘리포니아주의 데스밸리는 기온이 세계 최고 기온인 54.4℃까지 치솟았어. 54.4℃면 한여름에 겨울옷을 껴입고 이글거리는 불가에 앉아 있을 때와 비슷한 느낌이 들지!

<<< **화석 연료**가 지구 온난화에 미치는 영향을 알고 싶으면 13쪽을 다시 살펴보세요.

사람들아, 내 말 좀 들어 봐!

기후 변화는 사람뿐만 아니라 야생 동물도 힘들게 해요.

아시아코끼리

코끼리는 하루에 물을 230 L씩 먹어. 목욕통을 가득 채울 정도의 양이지. 초원이 더 덥고 건조해지면 우리가 마실 물이 줄어들어.

거북은 모래에 알을 낳아. 그런데 날이 너무 더우면 암컷들만 알을 까고 나오게 돼.

퍼핀

퍼핀이 가장 좋아하는 먹이는 청어야. 지구 온난화 때문에 청어의 수가 줄어들고 새끼 퍼핀들이 굶주리고 있어.

녹색바다거북

우리는 좀 달라. 더운 날씨를 좋아하지만, 기후 변화로 집이 오염되고 말았어. 우리가 가루받이를 해 주지 않으면 과일과 채소가 자랄 수 없어. 그러면 모두 식량이 부족해지고 말 거야.

우수리뒤영벌

살아남기의 천재들

바퀴벌레는 공룡이 멸종되기 전부터 지구에서 기어 다녔어요. 위험이 닥치면 땅속에 굴을 파고 들어가 스스로를 지킨답니다.

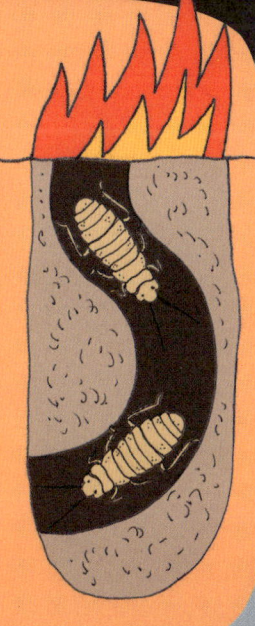

>>> 지구를 구할 수 있는 방법을 알아보려면 62쪽을 읽어 보세요.

해야, 해야, 나와라

태양열 오븐을 만들자

실험 마당

피자 상자를 사용해 태양열 오븐을 만들어 보세요.

필요한 것

- 아주 맑은 날씨
- 피자 상자
- 사인펜
- 학용품 칼*
- 투명한 랩
- 접착용 테이프
- 알루미늄 포일
- 풀
- 검은 종이
- 기다란 나무 막대기

만드는 법

상자 뚜껑의 세 면을 가장자리에 3 cm씩 남기고 칼로 오려* 덮개를 만드세요.

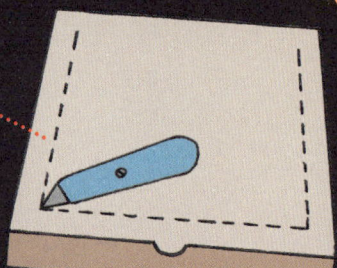

오리지 않은 면을 따라 덮개를 젖히세요. 뻥 뚫린 네모 부분에 랩을 두 겹 씌운 뒤 테이프로 붙이세요.

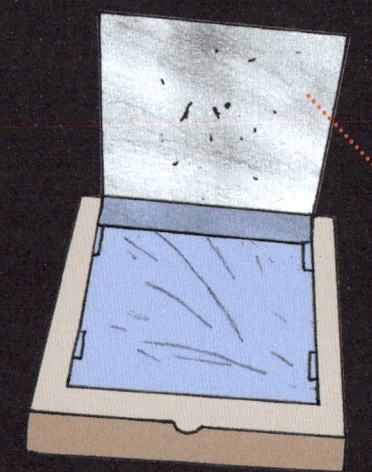

덮개의 아랫면에 알루미늄 포일을 붙이세요. 피자 상자의 뚜껑 전체를 열어 상자 안쪽에도 포일을 붙이세요.

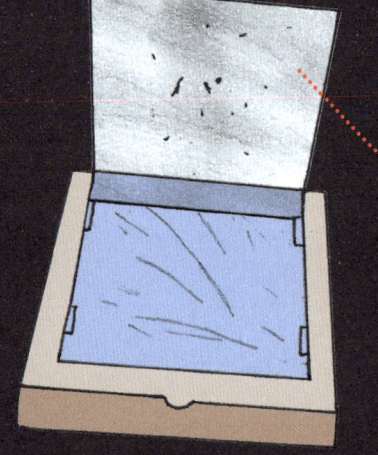

상자 바닥에 검은 종이를 붙인 뒤 피자 상자의 뚜껑을 덮고, 나무 막대기로 오븐 덮개를 받쳐 주세요.

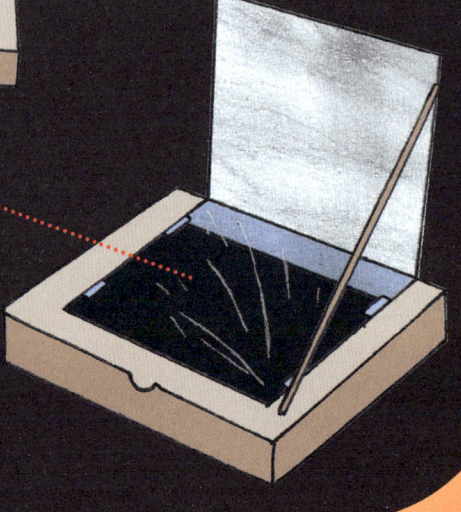

*어른들에게 자르는 것을 도와달라고 하세요.

스모어쿠키 만들기

마시멜로를 얹은 비스킷을 검은 종이 위에 놓으세요.

투명한 랩 뚜껑을 덮고 오븐을 햇빛이 잘 드는 곳에 놓으세요. 햇빛이 오븐 안으로 반사되도록 오븐의 덮개를 잘 세워 놓으세요.

마시멜로가 녹으면 비스킷 위에 초콜릿 조각을 얹고 다시 녹이세요. 스모어쿠키가 완성되었습니다.

냠냠!

스위스 과학자 오라스 베네딕트 드 소쉬르는 1767년에 최초의 태양열 오븐을 만들었어. 검은 탁자 위에 유리 상자를 놓고 과일을 구웠단다.

똘똘하게 알아보기: 태양열 오븐

태양열 오븐은 햇빛을 이용해 음식을 데워요. 원리는 다음과 같답니다.

햇빛이 오븐 덮개의 **반짝**이는 표면에 **반사**돼요.

검은색이 옅은 색보다 빛을 더 많이 **흡수**하기 때문에 오븐 안쪽이 뜨거워져요.

투명한 랩이 햇빛을 통과시키고 열을 상자 안에 **붙잡아 둬요**. (유리로 된 온실이 더워지는 것과 같은 원리랍니다.)

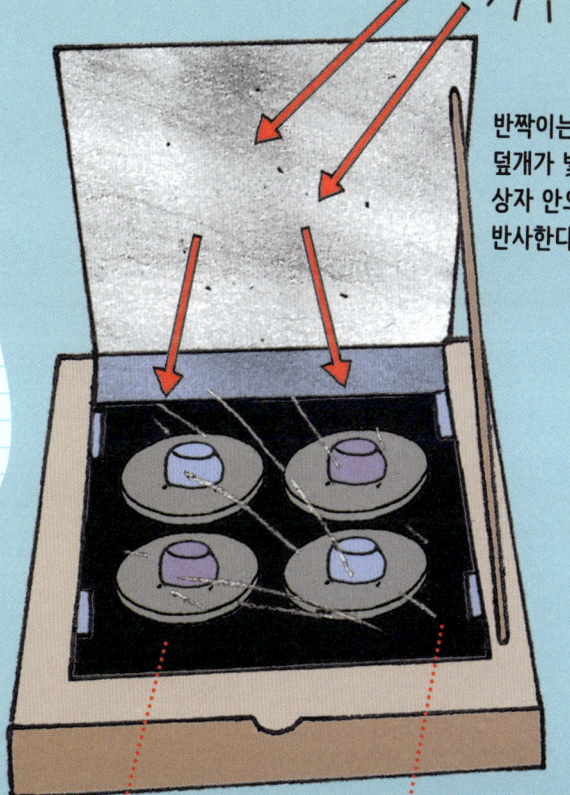

반짝이는 덮개가 빛을 상자 안으로 반사한다.

상자 바닥의 검은색 표면이 열을 흡수해 뜨거워진다.

투명한 랩이 빛을 통과시키고 열을 상자 안에 붙잡아 둔다.

바람처럼 달려라
바람은 왜 부는 걸까?
모두 지구가 자전하면서 태양 주위를 공전하기 때문에 일어나는 일이랍니다.

햇볕은 쨍쨍

바람은 **햇빛** 때문에 시작해요. 햇빛이 지구의 표면을 서로 다르게 데우는데, 지표면이 달궈지면 공기도 달궈져요. **따뜻한 공기**는 차가운 공기보다 가벼워서 위로 **올라가지요**. 공기가 움직이는 거예요!

해변에서는 바람이 곧잘 불어요. 햇빛을 받으면 땅이 바다보다 빨리 데워지기 때문이에요.

따뜻해진 땅은 그 위에 있는 공기를 데우고, 그러면 공기가 위로 올라가요.

따뜻한 공기가 위로 올라간다.

바다 위의 **차가운** 공기가 땅 위의 빈 자리를 채우려고 몰려와요. 바람이 부는 거예요.

차가운 공기가 몰려온다.

따뜻한 땅

차가운 바다

바람에 엉덩이가 있다면 뭐라고 할까?

풍뎅이.

<<< **기압**에 대해 알고 싶으면 34쪽을 다시 살펴보세요.

빙글빙글 도는 지구

공기와 바닷물은 지구를 여행할 때 **휘어지며** 이동해요. 지구가 빙글빙글 돌기 때문이지요. 이것을 **자전**이라고 한답니다.

적도 **북쪽**의 공기는 **오른쪽**으로 휘어져요.

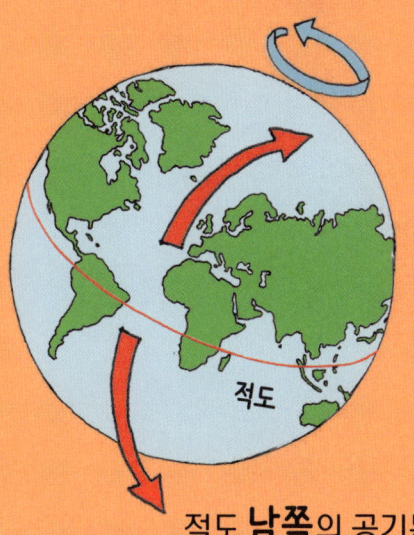

적도는 북극과 남극으로부터 같은 거리에 있는 곳을 이은 가상의 선이에요.

적도 **남쪽**의 공기는 **왼쪽**으로 휘어져요.

실험해 보자!

놀이터의 뱅뱅이에서 해 보세요. 친구의 맞은편에 서서 뱅뱅이를 돌린 다음 친구에게 공을 던져 보세요. 공이 휘어지는 것처럼 보일 거예요!

북반구와 남반구에서 욕조의 물이 반대 방향으로 돌면서 빠진다는 말이 있어. 하지만 욕조 정도의 크기에서는 지구의 자전 효과가 잘 보이지 않지.

빙글빙글 도는 바람

지구의 자전 때문에 거센 바람이 소용돌이치며 돌기도 해요. **사이클론**과 **허리케인**과 **태풍**은 차가운 공기를 사방에서 빨아들이며 도는 거대한 열대성 폭풍이에요.

적도 북쪽에서 폭풍이 일면 바람이 반시계 방향으로 불어요.

적도 남쪽에서 폭풍이 일면 바람이 시계 방향으로 불어요.

바람처럼 달려라

바람의 세기를 재는 장치

못 쓰게 된 물건들로 바람의 세기를 재는 장치를 만들어 보세요.

필요한 것

- 두꺼운 상자를 잘라서 만든 30 cm × 5 cm 의 띠 두 장
- 작은 종이컵이나 요구르트 통 네 개
- 지우개가 달린 연필
- 스테이플러
- 사인펜
- 곧은 핀
- 스톱워치나 타이머

풍속계를 만들자

두꺼운 종이 띠를 십자(+) 모양으로 놓고 가운데를 스테이플러로 고정시키세요.

컵 하나에 색칠을 하세요. 그래야 이 장치가 몇 바퀴를 돌았는지 세기 쉬워요.

십자 모양으로 놓은 종이 띠의 끝부분에 스테이플러로 컵을 고정시키세요. 컵의 입구가 모두 같은 방향을 향하게 하세요.

종이 띠가 만나는 가운데에 연필의 지우개 쪽을 대고 핀을 찔러 넣으세요.

지우개 속으로 찔러 넣은 핀
색칠한 컵
스테이플러로 종이 띠 끝에 고정시킨 컵
연필

풍속계가 잘 도는지 시험한 뒤에 밖으로 가지고 나가세요. 타이머를 이용해 10초 동안 종이컵이 몇 바퀴를 도는지 세어 보세요.

똘똘하게 알아보기: 바람의 속도

풍속계로 바람의 속도를 잴 수 있어요.

바람이 불면 컵 속으로 공기가 들어가 컵들이 **돌아가요**. 바람이 세게 불수록 컵들이 빨리 돌아가지요.

풍속계의 컵이 도는 횟수를 **세면** 바람의 **속도**를 알 수 있어요.

바람이 컵 속으로 들어가 풍속계를 돌린다.

축이 돈다.

축에 연결된 장치에 바람의 속도가 나타난다.

불어라, 바람아!

날짜와 장소를 달리해서 바람의 세기를 재어 보세요. 높은 곳과 낮은 곳, 공원과 숲과 건물에서 실험해 보세요.

10초 동안 돈 횟수	바람의 등급
1 – 5	고요
6 – 10	실바람
11 – 20	산들바람
21 – 30	흔들바람
31 – 40	된바람
41 이상	강풍이 불어요!

왜 그럴까?

높은 곳이나 탁 트인 곳일수록 바람이 거세게 불어. 바람을 막아 줄 건물이나 나무가 없기 때문이지.

알고 있나요? 공항이나 기찻길 주변, 배 위나 높은 크레인 위에는 풍속계가 있어요. 이런 곳에서는 위험한 강풍이 불기 쉽거든요.

바람처럼 달려라

바람을 잡아라

정보마당

천연가스와 석유, 석탄을 쓰기 전까지 바람은 중요한 에너지였어요. 이제 다시 바람이 중요해졌답니다.

바람을 이용한 놀랍고 신기한 발명품들

옛날에는…

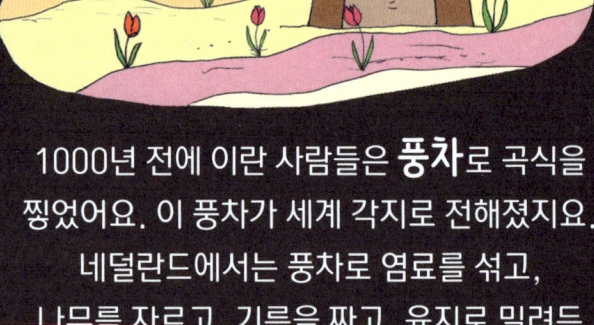

고대 이집트 사람들은 **돛단배**를 맨 처음 사용했어요. 나일강을 따라 하류로 배를 몰 때는 괜찮았지만, 상류로 물길을 거슬러 오를 때는 바람의 힘이 필요했거든요.

1000년 전에 이란 사람들은 **풍차**로 곡식을 찧었어요. 이 풍차가 세계 각지로 전해졌지요. 네덜란드에서는 풍차로 염료를 섞고, 나무를 자르고, 기름을 짜고, 육지로 밀려든 바닷물을 퍼냈답니다.

1783년에 발명된 **열기구**는 양과 오리와 수탉을 첫 승객으로 태웠어요! 열기구는 바람이 부는 곳으로만 갈 수 있답니다.

꽥꽥

매애

1826년 영국에서는 **연이 끄는 차**가 발명되었어요. 이 차는 샤보란트라고 불렸어요. 아주 빨랐지만 조종하기가 어려워서 인기를 끌지는 못했지요.

52

오늘날에는…

현대의 탐험가들은 최첨단 **열기구**를 타고 세계 여행을 할 수 있어요. 최고 기록은 11일이랍니다!

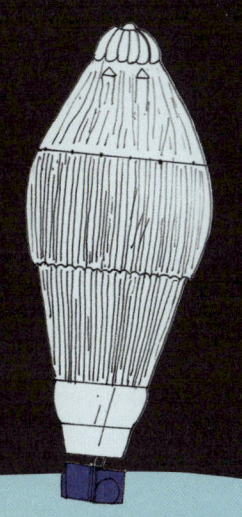

> 연을 이용해 서핑하는 사람들은 바람과 파도의 힘으로 놀라운 속도를 내지. 공중으로 높이 뛰어올라 갖가지 묘기를 선보이고, 공중에 아주 오래 떠 있기도 해. 야호!

끝없이 쓸 수 있는 에너지

바람의 힘으로 전기도 만들어요. 풍력 터빈은 공기나 물을 오염시키지 않고 풍력 발전기를 돌리는 바람은 바닥이 나지 않아요.

앞으로는…

미래에는 풍력 발전 차량이 도로 위를 달릴 수도 있어요. 풍력 발전 자동차 경주 대회도 열릴 예정이랍니다!

지금의 **화물선**들은 해로운 매연을 마구 내뿜어요. 하지만 앞으로는 물건을 잔뜩 실은 커다란 화물선이 금속으로 된 큰 돛으로 바람을 받아 매연 없이 바다 위를 떠다닐 수도 있을 거예요.

날씨가 날뛰어요

살기 딱 좋은 행성

지구는 아주 완벽해요. 여러분이 현미밥을 좋아하지 않는다고 해도 말이죠!

알아야 할 사실들

지구는 살기에 **딱 좋은** 행성이에요. (너무 더울 만큼) 태양과 가깝지도 않고 (너무 추울 만큼) 태양과 멀지도 않거든요. 지구는 물이 얼지 않고, 사람과 개구리와 그 밖의 모든 생명체가 살기에 **딱 알맞은 온도**랍니다.

태양계의 행성들은 너무 뜨거운 것부터 너무 차가운 것까지 온도가 제각각이에요!

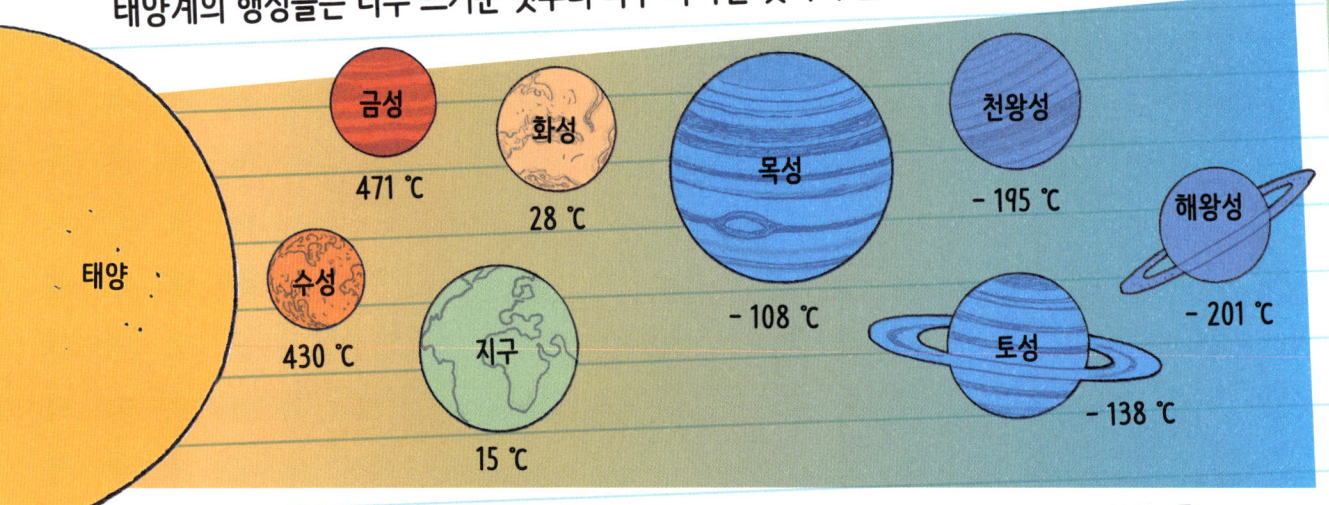

태양 / 수성 430℃ / 금성 471℃ / 지구 15℃ / 화성 28℃ / 목성 -108℃ / 토성 -138℃ / 천왕성 -195℃ / 해왕성 -201℃

또한 지구는 **대기**라고 불리는 기체들에 포옥 싸여 있어요. 대기 덕분에 우리는 따뜻하게 생활하고 산소로 숨을 쉴 수 있답니다.

대기는 네 개의 층으로 나눌 수 있고, 그 외의 영역을 외권이라고 해요. 기상 현상은 그중 지표면에 가장 가까운 층에서 나타나지요.

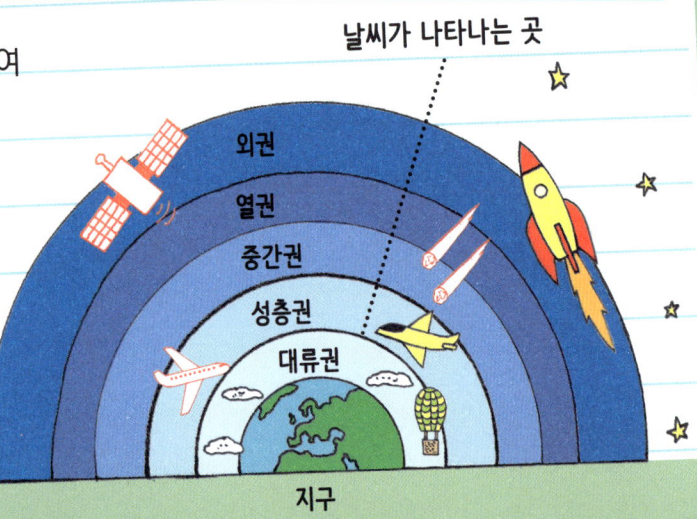

날씨가 나타나는 곳 / 외권 / 열권 / 중간권 / 성층권 / 대류권 / 지구

알고 있나요?

대기가 없다면, 지구의 평균 기온은 -18℃로 떨어질 거예요.

<<< 지구를 둘러싼 **기체**들에 대해 더 알고 싶으면 12쪽을 다시 살펴보세요.

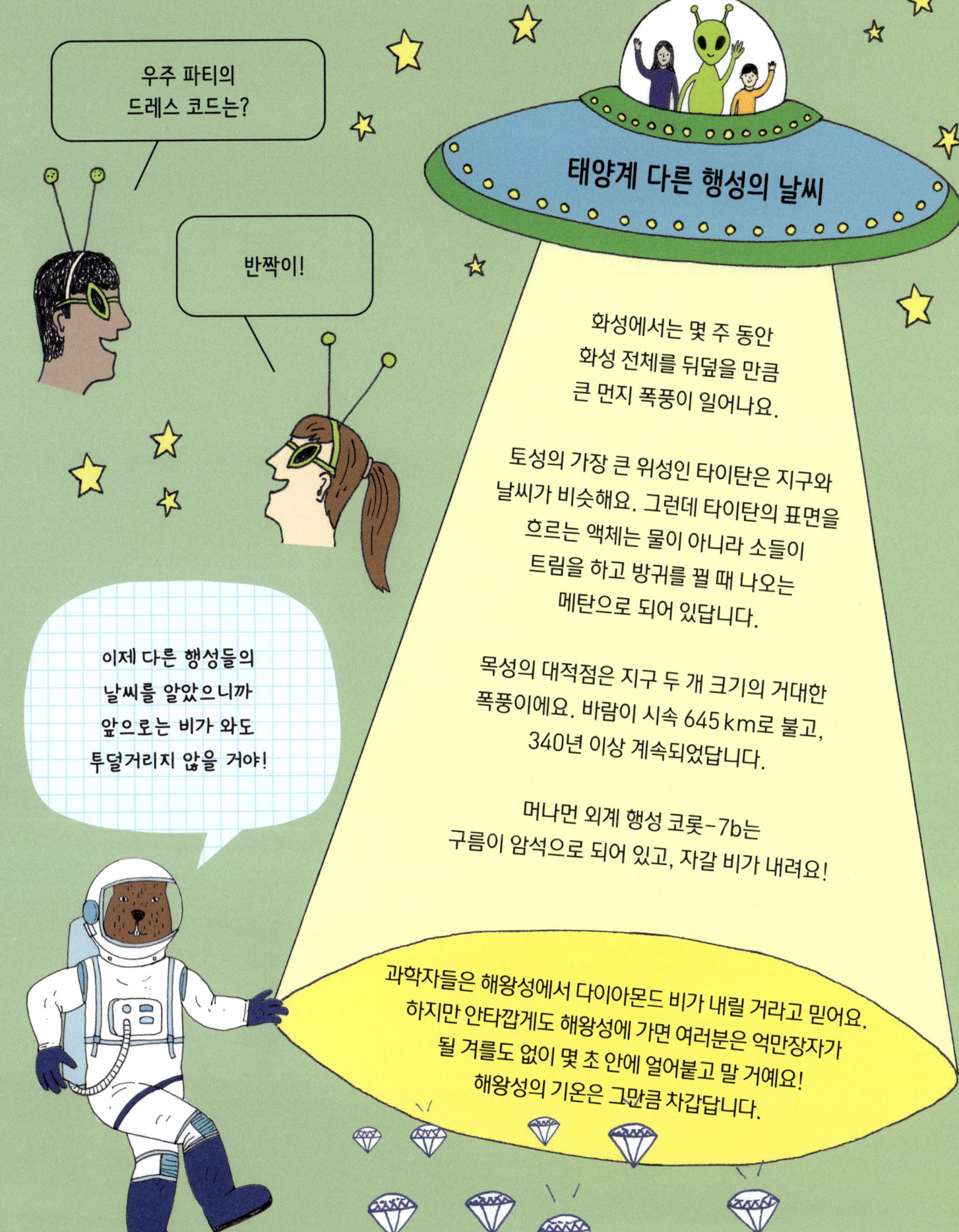

날씨가 날뛰어요

번개를 만드는 법

실험마당

숟가락으로 번개와 천둥을 만들어 보세요.

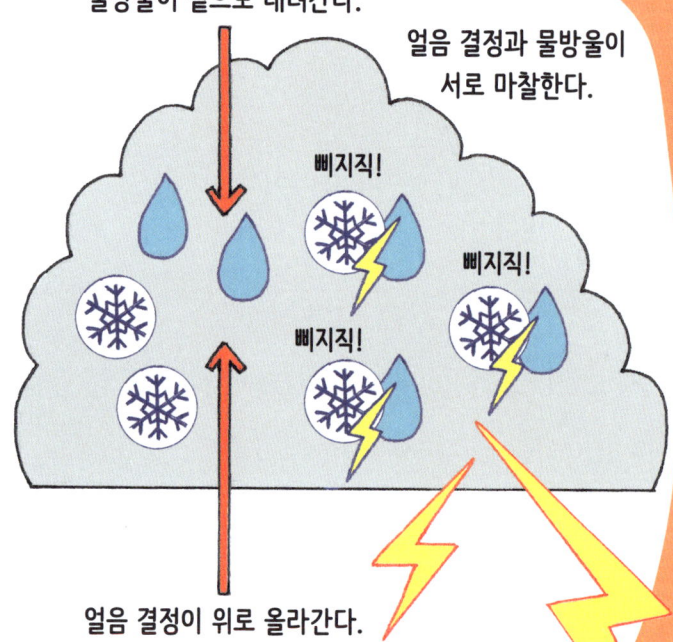

물방울이 밑으로 내려간다.
얼음 결정과 물방울이 서로 마찰한다.
삐지직!
얼음 결정이 위로 올라간다.

똘똘하게 알아보기: 번개

번개는 커다란 **전기** 불꽃과 같아요. **얼음** 결정이 위로 올라가고 **물방울**이 밑으로 가라앉는 먹구름 속에서 생겨나지요.

얼음 결정과 물방울이 지나가면서 서로 **마찰**하여 **정전기**가 일어나요.

이러한 정전기가 아주 많이 쌓이면, 구름이 에너지를 내뿜으면서 **번개**가 번쩍거린답니다.

깜짝이야!

풍선을 불어 머리에 대고 2분 동안 비벼 보세요.

불을 끄고 쇠숟가락을 천천히 풍선 쪽으로 가져가 보세요. 아주 작은 전기 불꽃이 나타날 거예요.

어떻게 된 걸까?

두 물체의 표면이 마찰하면서 정전기가 일어난 거야. 구름 속에서 얼음과 물이 마찰할 때처럼 말이지. 전기는 금속에 이끌리는 성질이 있기 때문에 풍선에서 쇠숟가락 쪽으로 불꽃이 튀는 거야.

똘똘하게 알아보기: 천둥

천둥은 **번개** 때문에 생기는 소리예요. 번개는 시속 수십만 km의 속도로 이동하고, 태양보다 다섯 배나 뜨거워요! 번개가 주위의 공기를 너무 빨리 데우기 때문에 공기가 **팽창**해요. 공기가 팽창하면서 **진동**하고, 이 진동이 공기 중으로 퍼져나가 우리 귀에 우르릉 쾅쾅 하는 커다란 **천둥소리**로 들리는 거예요.

천둥소리

종이봉투를 구해서 바람을 불어 보세요. 봉투가 빵빵해지면 공기가 빠져나가지 않도록 꼭대기를 꼬아서 묶으세요.

빵빵해진 종이봉투를 두 손으로 쳐서 터뜨려 보세요. 뻥! 소리가 들리죠?

알고 있나요?

천둥소리는 번개가 치고 난 뒤에 들려요. 빛이 소리보다 더 빠르게 이동하기 때문이지요. 번개와 천둥이 거의 동시에 치면, 폭풍이 바로 우리 머리 위에 있어요. 번개와 천둥 사이에 간격이 있으면 폭풍이 멀리 떨어져 있다는 뜻이고요.

어떻게 된 걸까?

종이봉투를 터뜨리면 공기가 봉투에서 급하게 밀려 나오면서 진동을 일으켜. 이 진동이 우리 귀에 뻥 소리로 들리는 거지. 진동하는 공기가 우르릉 쾅쾅 천둥소리를 내는 것처럼 말이야.

날씨가 날뛰어요

정보 마당

괴상한 날씨

바람과 온도와 물은 마법 같은 일을 해낼 수 있어요!
냉동식품과 커다란 손전등과 괴물 옷을 준비하세요.

와, 눈으로 된 도넛이다!

두루마리눈은 바람에 날린 눈이 원통 모양으로 구르다가, 폭신한 가운데 부분이 날려가서 구멍이 뚫린 거랍니다.

소방차를 불러 주세요!

이건 연기가 아니라 **회오리바람**이에요. 회오리바람이 사막에서 일어나 모래와 먼지를 빨아올리며 소용돌이치는 모습이지요.

외계인이 착륙했다!

오로라의 빛은 정말로 우주에서 온답니다. 태양에서 오는 입자들이 지구 대기의 높은 곳에 있는 기체들과 부딪치면 타오르거든요.

이 구름은 땅 위에 있습니다!

이것은 **하부브**예요. 1.6 km 높이까지 솟구치는 모래 폭풍으로, 한 시간에 97 km나 갈 수 있답니다! 달아나세요!

시원한 얼음 조각품!

얼음 폭풍이 불면 어는 비가 내려서 모든 것을 얼음으로 뒤덮어요. 나무와 자동차가 얼음 조각품이 되어 버리지요!

밤인데 너무 밝아요!

베네수엘라의 마라카이보 호수에서는 1년에 160일까지 **카타툼보 번개**가 쳐요. 수백만 볼트의 빛이 몇 시간 동안이나 밤하늘을 환하게 밝힌답니다!

> 북극에서는 겨울에 기온이 -35℃까지 떨어지기도 해. 옷을 말리려고 밖에 널면 몇 분 안에 꽁꽁 얼어붙을 정도야. 얼어붙은 청바지가 혼자 서 있기도 해!

바다가 하늘로 빨려 올라가!

용오름은 사실 안개처럼 뿌연 공기가 물 위에서 빙글빙글 소용돌이치는 회오리바람이에요.

낱말 풀이

기압
지구를 누르는 공기의 힘. 기압은 변화한다. 올라갈 수도 있고 내려갈 수도 있다.

기체
공기와 같은 물질로, 고체나 액체가 아닌 상태.

기후
한 지역에서 긴 시간에 걸쳐 나타나는 기상 상태.

기후 변화
이산화 탄소와 메탄처럼 열을 붙잡는 온실가스의 양이 증가하면서 세계의 날씨가 바뀌는 일.

대기
지구를 담요처럼 둘러싸고 있는 기체들.

메탄
지구를 에워싸고 열을 붙잡는 온실가스 중 하나로, 소가 트림을 하거나 방귀를 뀔 때도 나온다.

빙하
육지에 쌓인 눈이 두꺼운 얼음층으로 변해 오랫동안 녹지 않는 것.

빙하기
기온이 매우 낮아서 지구 대부분의 지역이 얼음으로 덮여 있던 과거의 일정한 시기.

사이클론
저기압 주변에서 소용돌이치는 맹렬한 열대성 폭풍. 인도양, 아라비아해, 벵골만에서 발생한다.

산소(O_2)
공기 중에 있는 기체로, 사람과 동물과 식물이 살아가는 데 꼭 필요하다.

수증기
물이 데워져서 눈에 안 보이는 기체로 바뀐 것.

양산
햇빛을 가려 주는 물건. 우산처럼 들고 다니면서 햇빛으로부터 몸을 보호한다.

오염
해로운 물질들이 땅이나 공기, 물을 더럽히는 일.

온실가스
지구를 둘러싸고 열을 붙잡는 기체.

우박
하늘에서 비처럼 떨어지는 작고 단단한 얼음 알갱이들.

응결
수증기가 열을 잃고 작은 물방울이 되는 일.

이산화 탄소(CO_2)
화석 연료나 목재를 태울 때, 또는 사람이나 동물이 숨을 내쉴 때 나오는 기체.

일기 예보
날씨가 어떨지 미리 알려 주는 일.

재생 에너지
석탄 같은 화석 연료와 달리 햇빛이나 바람, 파도처럼 써도 써도 닳지 않고 무한히 쓸 수 있는 에너지.

증발
액체가 기체로 바뀌는 일. 대개 열을 얻었을 때 일어난다.

증산 작용
식물의 표면에서 물을 내보내는 일.

지구 온난화
이산화 탄소처럼 지구를 둘러싸고 열을 붙잡는 기체들이 증가하면서 지구의 기온이 올라가는 일.

진눈깨비
비가 섞여 내리는 눈.

태양 에너지
태양에서 나오는 에너지.

태풍
회전 운동을 하면서 움직이는 크고 강력한 바람. 북태평양 서남부에서 생겨나 아시아 대륙 동부로 불어온다.

터빈
증기나 공기, 또는 물에 의해 돌아갈 수 있게 만든 장치.

풍속계
바람의 세기와 속도를 재는 장치.

허리케인
빙글빙글 돌아가는 맹렬한 열대성 폭풍. 대서양 서부와 북태평양 동부에서 발생한다.

화석 연료
천연가스, 석탄, 석유와 같은 연료로, 생물의 사체가 수백만 년 동안 땅속에 파묻혀 있으면서 만들어진다.

회오리바람
빙글빙글 돌면서 원뿔 모양을 이루어 땅 위를 돌아다니는 강하고 파괴적인 바람.

정답을 알려 주세요!

○ **초록색** 동그라미는 기후 지킴이의 활동이에요. 에너지와 물을 절약하고 쓰레기를 재활용하며 물건을 재사용하고 있어요.

○ **빨간색** 동그라미는 자원을 낭비하는 모습이에요. 에너지와 물을 낭비하고 쓰레기를 마구 만들어 내며 공기를 오염시키고 있어요.

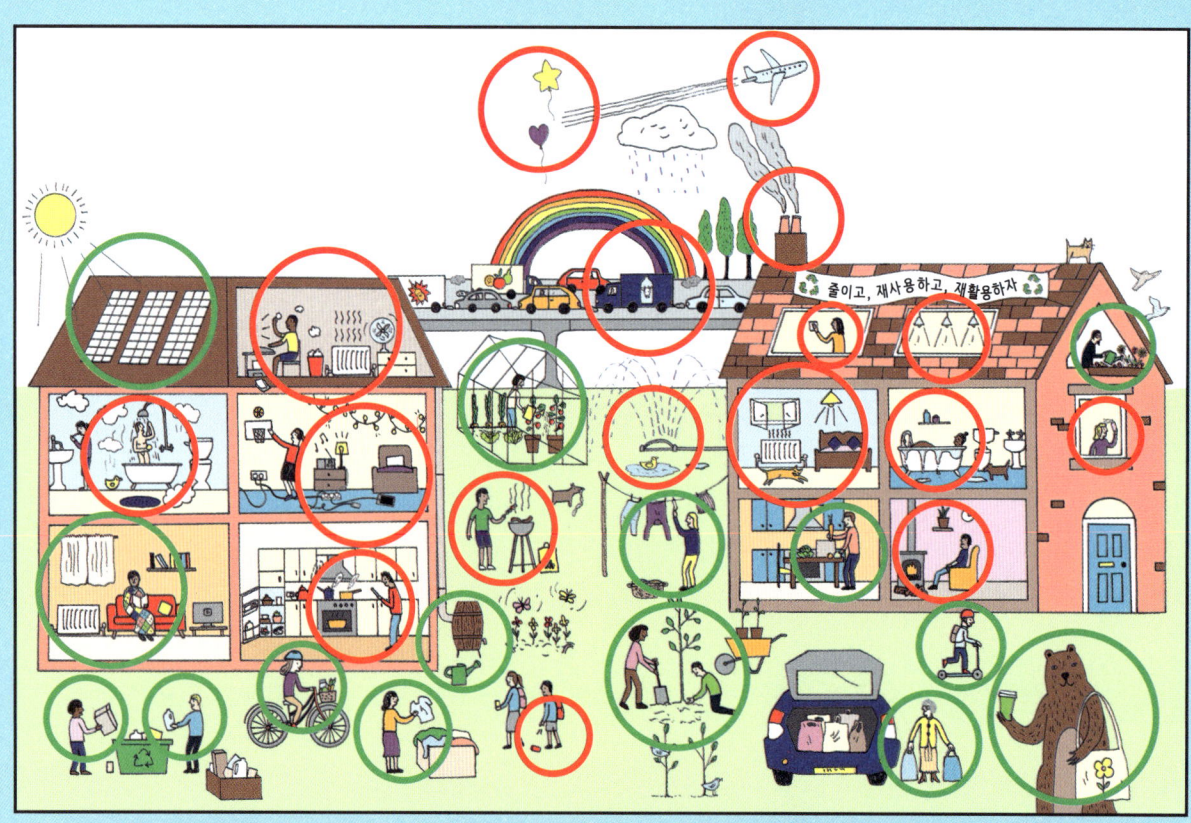

기후 지킴이가 되는 방법
- 안 쓰는 전깃불과 텔레비전, 라디오, 충전기 들을 끈다.
- 샤워를 짧은 시간에 끝내고 빗물을 받아 식물에게 물을 준다.
- 난방 기구의 희망 온도를 낮추고 옷을 더 껴입는다.
- 자동차를 타는 대신에 걷거나 자전거를 탄다.
- 종이, 플라스틱, 깡통을 재활용한다.
- 중고물품을 산다.
- 필요 없는 물건을 기부한다.
- 육류가 안 들어간 음식을 먹는다.

더 알아보려면…
세계자연기금 www.wwfkorea.or.kr
기후변화센터 www.climatechangecenter.kr
그린피스 www.greenpeace.org/korea
녹색연합 www.greenkorea.org

찾아보기

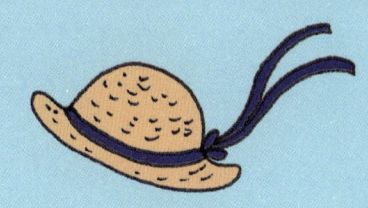

계절 7-9, 11
공기 6, 11, 14, 19, 21, 22, 30, 34, 48-49, 51, 53, 57, 59, 60-61
과학자 21, 39, 47, 55
구름 22, 26, 30-33, 55-56, 58
기압 34, 60
기체 12-16, 26, 54, 58, 60-61
기후 6-7, 10-11, 17-21, 30, 44
기후 변화 11, 17, 20, 44-45, 60
눈 6, 11, 22, 24-25, 27, 58, 60-61
대기 6, 12-13, 54, 58, 60
동물 11, 12, 14, 16-17, 21, 24, 33, 41, 44-45
먼지 22, 55, 58
멸종 21, 44-45
무지개 38-39
바람 6, 10-11, 30, 48-49, 50-53, 55, 57-58, 61
발명품 52
번개 56-57, 59
비 6, 10, 23, 26-27, 34-41, 55, 60-61
빙하기 20-21, 60
사이클론 41, 49, 60
식물 12, 14-15, 26, 28, 44-45, 61

안개 6, 31, 39
얼음 20-21, 23, 27, 30, 56, 59-60
에너지 11-12, 18-19, 42-43, 52-53, 56
열 11-12, 30, 47, 60-61
오염 19, 45, 53, 60, 62
온실가스 12-14, 16, 18, 60
우박 6, 23, 60
이상 기후 11, 44
일기 예보 34, 61
자전축 8
재생 에너지 61
재활용 19, 62
적도 8-9, 20, 49
전기 13, 42-43, 53, 56
지구 온난화 16, 44-45, 61
진눈깨비 6, 61
집 10-11, 42, 45
천둥 23, 56-57
태양 에너지 12, 42-43, 61
폭풍 41, 49, 55, 57-61
햇빛 8-9, 12, 15, 30, 36, 38, 42-43, 47-48
행성 54-55
허리케인 11, 49, 61
화석 연료 13, 19, 44, 61
회오리바람 6, 41, 58-59, 61

로지 쿠퍼 글
지리학을 공부하고, 런던에서 활동하는 IT(정보통신기술) 전문가예요.
광활한 자연과 이상 기후에 관심이 많은 팟캐스트 전문가이기도 합니다.
이 책은 로지 쿠퍼가 어린이들을 위해서 쓴 첫 책입니다.

해리엇 러셀 그림
런던에서 일러스트를 공부한 뒤, 일러스트레이터로 활발하게 활동하고 있어요.
『사과가 하얗다고?』『잘 가, 석유 시대』를 쓰고 그렸으며,
『과학 영재로 만들어 주는 창의 팡팡 발명놀이』 등에 그림을 그렸어요.

애덤 스케이프 자문
영국 기상청의 장기 예보 부서 대표자이자 영국 엑스터대학 교수입니다.
기후학 분야에서 약 200편의 연구서를 출간했고,
최근에 영국 물리학 협회로부터 에드워드 애플턴 메달을 수상하고
영국 왕립 기상학협회로부터 뷰캔상을 수상했습니다.

북극곰 궁금해 시리즈 12
척척박사 우드척이 들려주는
기후와 날씨
2021년 9월 10일 초판 1쇄
글 로지 쿠퍼 ‖ 그림 해리엇 러셀 ‖ 옮김 우순교 ‖ 감수 백두성
편집 이지혜, 노한나 ‖ 디자인 전다은 ‖ 마케팅 최은애, 이향령
펴낸이 이순영 ‖ 펴낸곳 북극곰 ‖ 출판등록 2009년 6월 25일 (제 300-2009-73호)
주소 서울시 마포구 독막로 320 B106호 북극곰 ‖ 전화 02-359-5220 ‖ 팩스 02-359-5221
이메일 bookgoodcome@gmail.com ‖ 홈페이지 www.bookgoodcome.com
ISBN 979-11-6588-092-7 77400 ‖ 979-11-89164-60-7 (세트) ‖ 값 15,000원

Published by arrangement with Thames & Hudson Ltd, London.
The Brainiac's Book of the Climate and Weather © 2021 Thames & Hudson Ltd
Text © 2021 Rosie Cooper
Illustrations © 2021 Harriet Russell
This edition first published in Republic of Korea in 2021 by BookGoodCome, Seoul
Korean edition © 2021 BookGoodCome

이 책의 한국어판 저작권은 저작권자와의 독점 계약으로 북극곰에 있습니다.
저작권법에 의해 한국 내에서 보호를 받는 저작물이므로 무단 전재와 복제를 금합니다.

제품명 : 도서 ‖ 제조자명 : 북극곰 ‖ 제조국명 : 중국 ‖ 사용연령 : 3세 이상
주의! 책 모서리가 날카로우니, 던지거나 떨어뜨려 다치지 않도록 주의하세요.

사진 출처
10쪽 왼쪽 위: cge2010/Shutterstock
10쪽 오른쪽 위: Laborant/Shutterstock
10쪽 왼쪽 아래: Aleksandar Todorovic/Shutterstock
10쪽 오른쪽 아래: Martin Bergsma/Shutterstock
11쪽 위: Ton Koene/Alamy Stock Photo
11쪽 아래: Pat Canova/Alamy Stock Photo
22쪽: Wilson Bentley
23쪽: University Corporation for Atmospheric Research/Science Photo Library
32쪽 왼쪽 위: Robert Schneider/Shutterstock
32쪽 오른쪽 위: Fotokon/Shutterstock
32쪽 왼쪽 아래: Peter Wollinga/Shutterstock
32쪽 오른쪽 아래: Menno van der Haven/Shutterstock
33쪽 왼쪽 위: pr2is/Shutterstock
33쪽 오른쪽 위: Red Buffalo Studios/Shutterstock
33쪽 가운데: Tawansak/Shutterstock
33쪽 아래: Minerva Studio/Shutterstock
58쪽 왼쪽 위: Maria Moroz/Shutterstock
58쪽 오른쪽 위: totajla/Shutterstock
58쪽 왼쪽 아래: Sylvie Corriveau/Shutterstock
58쪽 오른쪽 아래: John D Sirlin/Shutterstock
59쪽 왼쪽 위: Mahathir Mohd Yasin/Shutterstock
59쪽 오른쪽 위: Christian Pinillo/Shutterstock
59쪽 아래: Minerva Studio/Shutterstock